AF230856

LES
CANTIQUES PROTESTANTS

LETTRE ADRESSÉE

A MM. LES PASTEURS DES ÉGLISES DE FRANCE

PAR LES ÉDITEURS

DU LIVRE DE CANTIQUES

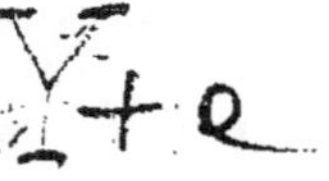

PARIS

J. BONHOURE ET Cie, LIBRAIRES-ÉDITEURS

48, RUE DE LILLE, 48

—

1877

Messieurs,

Nous prenons la liberté d'appeler votre bienveillante attention sur la publication d'un nouveau *Livre de Cantiques* (1) auquel on travaillait depuis plusieurs années, et qui pourra, nous l'espérons, rendre aux Églises protestantes un service très-réel et donner une vive impulsion au chant religieux qui tend, grâce à Dieu, à s'améliorer toujours plus au milieu de nous.

L'étude attentive de ce recueil pourra seule justifier cette assertion. Il nous semble cependant nécessaire de la provoquer en donnant ici un rapide aperçu de son contenu et en montrant en quoi il se distingue des recueils précédents.

Signalons d'abord la préface qui est une véritable étude historique sur le chant de l'Eglise réformée et qui ren-

---

(1) *Livre de cantiques* à l'usage des Églises évangéliques de France. Paris, J. Bonhoure et Cie, libraires-éditeurs, 48, rue de Lille. Un beau volume in-12 de 500 pages, renfermant 216 cantiques.

Broché, 3 fr. 50. — Relié demi-chagrin, plat toile, 5 fr.

ferme beaucoup de faits intéressants et trop peu connus jusqu'ici. On en jugera par le court résumé que nous allons en faire :

« Jusqu'au commencement de ce siècle, les Eglises réformées de langue française se servaient exclusivement dans le culte public des psaumes traduits en vers, et d'une vingtaine de cantiques qui y avaient été joints pour servir à la célébration des fêtes de Noël, de Pâques, de l'Ascension et de la Pentecôte. La Réforme calviniste en bannissant le latin du culte, avait mis de côté les antiques liturgies avec leurs répons et les hymnes dues aux Pères et aux Docteurs de l'Eglise depuis Hilaire jusqu'à Thomas d'Aquin ; elle n'avait point songé à les traduire en langue vulgaire comme l'avaient fait en partie l'Eglise luthérienne et l'Eglise anglicane ; elle n'avait pas non plus conservé, comme ces Eglises, l'usage de la psalmodie, qui aurait permis de chanter directement la prose des Saintes Écritures. Elle avait adopté comme livre unique de cantiques les psaumes en vers français qui, publiés alors pour la première fois dans une version poétique et populaire, eurent au XVIe siècle un immense succès (1). »

Le premier recueil des psaumes parut en 1540 et fut dédié à François Ier par Clément Marot. Toutefois la première édition renfermant les 150 psaumes ne parut qu'en 1562, à Lyon. Peu de chose en est resté ; les modifications de la langue ont exigé des remaniements multipliés de l'œuvre de Marot, complétée par Théodore de Bèze. La musique a été plus respectée, et aujourd'hui beaucoup de mélodies

---

(1) Tous les passages entre guillemets sont empruntés à la préface.

dues à Louis Bourgeois, de Paris, à Guillaume le Franc, de Rouen, à Claude Goudimel, sont encore chantées. Le professeur Jean Diodati, de Genève, revit les psaumes en 1646 ; le fameux Conrard, l'un des fondateurs de l'Académie française, et protestant pieux, s'y employa aussi avec zèle, et c'est lui qui a donné à beaucoup de nos psaumes leur forme actuelle. Bénédict Pictet, de Genève, les remania plus profondément vers 1700, et en supprima même certaines portions.

« Il était cependant difficile que les psaumes pussent seuls suffire longtemps aux besoins du culte dans une Église chrétienne. Si admirables qu'ils soient, ils ne disent rien de ce qui fait le fond même de la foi chrétienne, de Jésus-Christ, de son œuvre, du salut qu'il nous apporte et des espérances nouvelles dont l'Évangile est la source. »

« Il fallut donc composer des cantiques, mais comme on ne voulait alors chanter que des paroles inspirées et tirées des Saintes Écritures, on traduisit d'abord les cantiques renfermés dans le Nouveau Testament. Théodore de Bèze les avait traduits en 1595, mais on ne les chantait encore que dans le culte domestique. » En 1703 Bénédict Pictet fit une édition de 54 cantiques dont 12 furent introduits dans le *Psautier*.

Tel fut le point de départ des nouveaux recueils de cantiques protestants français. Marquons rapidement les éléments qui s'y ajoutèrent. Vers le milieu du siècle dernier, les frères Moraves éditèrent en Alsace et dans le pays de Montbéliard un recueil plein d'onction, dont le style était malheureusement très-défectueux. C'est à César Malan, de Genève (né en 1787, mort en 1864) que l'on doit l'œuvre la plus remarquable faite depuis cette époque, les *Chants de Sion*, dont la première édition parut en 1824 et dont les paroles et la musique sont entièrement de lui. Un autre Genevois, Ami Bost, composa la musique de plusieurs cantiques tirés soit de nos anciens poëtes, de Corneille, par exemple, soit d'auteurs de ce siècle.

« Dans la période qui s'étend de 1830 à nos jours, nous voyons paraître bien des cantiques qui sont devenus populaires et dont beaucoup sont dus à des hommes, pasteurs ou laïques, qui ont marqué dans l'histoire du réveil religieux, tels que Félix Neff, l'apôtre des Hautes-Alpes ; Guillaume Clottu, Juillerat, Merle d'Aubigné, Empeytaz, Henri Hollard, Lamouroux, et des femmes éminentes par leur piété, Madame Lemire et Mademoiselle de Chabaud-la-Tour, sœur du général de ce nom. » Nous ne parlons pas des auteurs encore vivants. « Le plus grand prédicateur du temps du réveil, Adolphe Monod, en a composé un qui est dans toutes les mémoires. Mais c'est à Alexandre Vinet, le profond penseur de la Suisse romande que nous devons les plus remarquables productions en ce genre à notre époque. A vrai dire, ce sont moins des cantiques destinés à être chantés par le peuple chrétien que les effusions lyriques d'une âme humble et pieuse qui raconte à Dieu ses douleurs et ses joies, ses doutes et ses ravissements. C'est ce côté intérieur et psychologique qui abonde surtout dans les productions religieuses de notre époque ; c'est par là qu'elles ont souvent quelque chose d'intime et de pénétrant. Mais on regrette qu'il ne se soit pas trouvé parmi nous plus de poëtes pour chanter le drame divin de la Rédemption, les grands faits de l'Evangile célébrés dans les fêtes de l'Eglise et qui, bien plus que les expériences des âmes individuelles, se prêteraient au chant des assemblées chrétiennes. »

« Le premier recueil qui ait offert, en un ensemble complet, avec les plus beaux de nos psaumes, les meilleurs des cantiques dont nous venons de parler, ainsi que d'autres œuvres distinguées dont les auteurs ont voulu rester inconnus, est celui des *Chants chrétiens*, dont la première édition parut en 1834. » Par cette publication si opportune, et depuis lors soigneusement revue, M. Henri Lutteroth, bien connu de tous nos lecteurs par tant de travaux distingués et par la direction du journal *le Semeur*, a mérité la reconnaissance de tous les protestants français. Les *Chants chrétiens* ont introduit dans nos églises non-seulement beaucoup de cantiques nouveaux, mais de fort belles mélodies empruntées à Sébastien Bach, à Beethoven, à Mozart, à Haydn et à d'autres compositeurs étrangers.

Tous les recueils qui ont paru depuis cette époque ont fait aux *Chants chrétiens* de nombreux emprunts. Ils ont contribué à enrichir le recueil si étendu de l'Église de la confession d'Augsbourg qui possède d'ailleurs tant de beaux airs tirés de l'Allemagne, mais dont le texte devrait subir une sérieuse révision littéraire. « On en retrouve aussi un grand nombre dans le recueil intitulé *Psaumes et Cantiques*, qui, depuis une vingtaine d'années, a remplacé l'ancien *Psautier* dans la plupart des Églises réformées de France.»

Dans la Suisse française, un travail analogue était poursuivi et a produit plusieurs résultats excellents. Les *Cantiques des Églises libres de Genève et de Lyon*, le très-remarquable nouveau *Psautier de Vaud, Neufchâtel et Genève* avec son *supplément*, recueil distingué de tout point, les

Psaumes et Cantiques de l'Église libre du canton de Vaud, publication sérieuse, l'une des plus complètes en ce genre qui existe aujourd'hui, ce sont là des additions précieuses faites à nos chants d'église. Si l'on mentionne encore les recueils des Églises méthodistes, de l'Église réformée de Nîmes, des Églises wallonnes des Pays-Bas, des Frères de Plymouth, et les éditions devenues très-rapidement populaires des *Chants du réveil* et des *Hymnes des Écoles du dimanche,* on aura indiqué presque tout ce qui s'est fait de nouveau dans cette branche si importante de l'édification chrétienne et du culte public.

Sans doute, nos Églises ne possèdent pas les trésors de poésie religieuse où s'alimente la piété des nations protestantes étrangères, mais la faute en est à la persécution implacable qui pendant deux siècles a sévi sur elles, s'est efforcée de les extirper du sol français, et ne leur a laissé le loisir de développer ni leur culte, ni leur chant religieux. « Et cependant, ne soyons pas ingrats. Un véritable *Psautier* nouveau s'est peu à peu formé sous nos yeux. A nos vieux psaumes dont beaucoup survivront, grâce à des retouches heureuses, sont venus se joindre de nombreux cantiques justement populaires et dont quelques-uns sont admirables par la forme et par le fond. A la place d'un mouvement créateur nous avons eu beaucoup d'œuvres individuelles qui, rapprochées, concourent à former un ensemble imposant. »

Le nouveau *Livre de Cantiques* que nous publions peut servir à justifier la vérité de cette assertion. Il ne contient qu'une vingtaine de morceaux entièrement inédits, mais les 196 autres cantiques qui le composent ont été choisis soit dans le *Psautier*, soit dans les divers recueils dont nous venons de parler, de manière à offrir pour le culte public un ensemble aussi complet et aussi satisfaisant que possible.

Une chose y frappera d'abord le lecteur : c'est la distribution des matières. Ainsi les cantiques d'adoration sont très-nombreux ; il en est de même de ceux qui rappellent les grands faits chrétiens et les fêtes de l'Église. On voit que les éditeurs ont fait effort pour réagir contre le caractère trop sentimental et trop psychologique de la plupart des chants religieux que le réveil a produits.

Les corrections faites, et elles sont très-nombreuses, portent à la fois sur le fond et sur la forme. On a remarqué avec raison que le langage de plusieurs de nos cantiques est peu exact et qu'ils renferment des expressions peu scripturaires. Tel cantique s'adresse à Dieu le Père (*Tu nous aimes, Seigneur*, etc.), et le bénit d'avoir répandu le sang qui purifie ; tel autre qui s'adresse à Jésus-Christ appelle les rachetés *ses enfants*. Dans quelques-uns d'origine morave, il y a des mots d'une familiarité douteuse. On appelle Jésus *bien-aimé*, ou *bon Jésus* ; on revient trop sur l'idée du petit troupeau dans un sens exclusif et peu charitable. Ailleurs, par contre, des termes froids et d'une rhétorique un peu solennelle (*les vertus, les exploits, les attributs*,) et des qualificatifs pompeux trahissent l'influence du XVIIIe siècle. Le style du réveil a aussi ses exagérations, et c'en est une assurément que de prêter à Dieu de la *fureur*.

« Toutefois les changements portant sur le fond même sont comparativement limités. La forme a été l'objet d'un travail beaucoup plus considérable. Certes, il y aurait quelque chose d'absurde à vouloir rechercher avant tout, dans le cantique, un idéal littéraire. Il faut qu'il exprime en premier lieu des vérités religieuses ; l'expression de ces vérités ne doit jamais être affaiblie par la recherche d'une rime trop riche ou d'une image trop élégante ; cette recherche qui conviendrait à la simple poésie lyrique serait ici déplacée, et mieux vaudrait assurément dans un chant d'Église une idée vraie revêtue d'une forme défectueuse qu'une phrase élégante et irréprochable écrite aux dépens de la vérité. Il faut aussi que les paroles s'adaptent sans trop d'effort à la musique, ce qui très-souvent ne peut être atteint qu'en sacrifiant quelque peu le style. Ce sont là d'impérieuses exigences qui ont dû être respectées. » Mais en tenant compte de ces réserves, il y a dans beaucoup des cantiques auxquels nous sommes le plus habitués, une foule d'incorrections manifestes, de remplissages, de chevilles, qu'il était urgent de faire disparaître ; on doit d'ailleurs, dans le culte public, songer à l'édification du grand nombre, et éviter certains termes religieux qui se sont comme acclimatés dans des cercles plus restreints. C'est précisément pour ne pas éveiller la critique qu'on doit proscrire les consonnances ridicules et tout ce qui peut distraire l'âme dans les moments les plus solennels. Il faut rechercher partout un langage grave, digne, simple et populaire. C'est à quoi les éditeurs du nouveau recueil ne se sont point épargnés.

Sans doute le premier effet de ces changements sera l'étonnement et peut-être le dépit. Au moment de chanter, on sera brusquement arrêté par une modification imprévue dont on ne comprendra pas immédiatement le motif. Il est certain que des fautes souvent grossières auxquelles l'oreille est habituée finissent par ne plus faire d'impression sur l'esprit ; il est certain que la routine en matière d'édification, comme ailleurs, n'aime pas à être troublée. Il faut donc s'attendre à ce que cette publication produise d'assez vives critiques. Nous sommes certains cependant que la réflexion modifiera cette impression et que le public se sentira bientôt porté à remercier ceux qui ont consacré un temps évidemment considérable et une attention scrupuleuse à cette révision. On reconnaîtra qu'elle fait disparaître de nos cantiques une foule de taches qui les déparaient et permet de faire entrer dans l'usage habituel beaucoup de morceaux que l'on écartait instinctivement à cause de certaines strophes malheureuses ou d'une platitude manifeste.

Abordons maintenant l'analyse du recueil ; il nous est naturellement impossible de signaler toutes les modifications de détail qui y ont été introduites et de citer les cantiques nouveaux. Nous nous efforcerons du moins de faire ressortir les changements principaux.

Commençons par la série des *Cantiques d'adoration* qui ouvre le recueil.

N° **1.** *Grand Dieu, nous te bénissons* ; c'est le *Te Deum* traduit par Empeytaz. Voici la cinquième strophe :

> Ton Église qui combat
> Sur la terre répandue
> Et l'Église qui déjà
> A la gloire est parvenue
> Entonne un chant solennel
> A Jésus Emmanuel.

On ne s'étonnera pas que cette strophe ait disparu pour faire place à une autre qui exprime la même idée en un style correct.

Il est absolument impossible de faire rimer *combat* avec *déjà*, et de comprendre comment *entonne* ayant deux sujets peut rester au singulier (sans parler du regrettable hiatus *déjà à*).

Dans une strophe suivante, personne ne regrettera de voir supprimer :

> Que sur la terre et *sur l'onde*
> Tous genoux soient *abattus*
> Au nom du Seigneur Jésus !

On n'a jamais *abattu* des genoux. La licence était inacceptable.

N° 2. *Grand Dieu, nous te louons;* c'est le *Te Deum* traduit par Bénédict Pictet.

On y trouvait la malencontreuse strophe qui suit :

> L'Église qui combat, répandue en tous lieux,
> Et celle qui déjà triomphe dans les Cieux,
> A toi, Père Éternel, à ta parfaite image,
> Ton Fils, ton bien-aimé, *tous viennent* rendre hommage.

On ne voit pas comment les deux derniers vers peuvent avoir un sens quelconque et s'harmoniser avec la grammaire. Nous pensons donc qu'il est bon de les avoir ainsi modifiés :

> L'Église qui combat, répandue en tous lieux,
> Et celle qui déjà triomphe dans les cieux,
> Unissent leurs accents et font avec les anges
> Monter sans cesse à toi leurs hymnes de louanges.

Nº 4. *Alleluia ! louange à Dieu.*

On n'y verra plus *sincères* au pluriel rimer avec *lumière* au singulier.

Nº 5. *Adorons Dieu notre Père.*

On n'y trouvera plus *en ces moments religieux* et plusieurs expressions analogues.

Nº 10. *Peuple, chantez un saint cantique.*

Les dernières strophes ont subi des retouches nécessaires.

Nº 14. « *Je chanterai, Seigneur, tes œuvres.* »

On ne trouvera plus à la deuxième strophe « *Du néant sortent à la fois* » qui chanté produisait un sens malheureux.

Nº 15. « *Oui, je bénirai Dieu.* »

On ne trouvera plus l'ange de l'Éternel qui *se campe avec puissance autour de ses enfants.*

Nº 16. « *L'Éternel seul est Seigneur.* »

Ce cantique est très-populaire, grâce surtout à sa musique. Mais il présentait d'une de ses strophes à l'autre un brusque contraste. Après avoir suivi le sens du psaume 16, d'où il semblait tiré, il passait brusquement à l'exaltation du Christ revenant de sa victoire. La transition est désormais indiquée par l'introduction d'une nouvelle strophe qui en fait un tout suivi et complet.

Nº 17. *Roi des rois, Éternel, mon Dieu.*

2

Ce vieux psaume si aimé de nos pères a subi quelques retouches heureuses qui permettent d'en chanter les trois strophes.

N° **18**. L'ancien cantique : « *Dieu fort et grand* », a été transformé. On ne trouvera plus « *Tu m'as sondé des cieux* », ni :

> Vivant et mort, dans les cieux, sur la terre,
> Ceint de lumière ou ceint d'obscurité ;

ni :

> Dieu de bonté, combien est précieuse
> La vie en toi, *l'œuvre de ta grandeur.*

Citons quelques strophes du cantique nouveau :

> O Dieu, tu vois et mon cœur et ma vie ;
> Ton œil me suit en tous temps, en tous lieux,
> Où puis-je fuir ta science infinie ?
> Je te retrouve ici-bas comme aux cieux.

> Pour éviter ta clarté qui m'accable,
> Fuirai-je au ciel ? Seigneur, tu le remplis.
> Si je descends dans l'abîme insondable,
> Là même, ô Dieu ! tu viens et me saisis.

> Si je pouvais, plus léger que l'aurore,
> D'un vol puissant fuir au delà des mers,
> Tu saurais bien m'y retrouver encore,
> Ton bras m'atteint partout dans l'univers.

> Si je disais : Fuyons dans la nuit sombre
> Et couvrons-nous de son obscurité,
> Tu fais, ô Dieu, briller au sein de l'ombre
> De tes splendeurs l'effrayante clarté.

Et le cantique, après avoir montré le pécheur sans refuge devant le Dieu saint et juste, finit par la proclamation de sa miséricorde.

N° **19**. *Gloire, gloire à l'Éternel.*

La correction de la strophe « *Il accuse et le pécheur* » fait mieux ressortir le contraste, et la grâce qui absout.

N° **20**. « *Bénissons Dieu mon âme en toute chose.* » C'est le célèbre psaume 103, mais on ne s'est pas proposé de le reproduire tout entier. On a conservé les strophes qui peuvent le mieux être chantées.

N° **22**. *Celui qui sur l'immensité.*

On n'y trouvera plus les *Fils d'Abram*, ni les *cailloux si durs à briser.*

N° **24**. Au lieu d'interpeller le *Jour du Seigneur* directement, on s'adresse à Dieu :

> Ton jour, Seigneur,
> Verse en mon cœur, etc.

On ne demande plus à ce jour de consacrer la prière ; mais on dit à Dieu :

> Bénis ce jour
> Où ton amour
> M'appelle à la prière.

Plusieurs nouveaux cantiques d'adoration dont la musique fort belle a été empruntée à des recueils étrangers, permettront de donner à cet élément du culte une place plus grande, ce qui répond à un désir universellement senti aujourd'hui.

Passons maintenant aux cantiques qui célèbrent *Jésus-Christ, sa personne, son œuvre.*

C'est une des parties les plus étendues du nouveau recueil.

Commençons par la naissance de Jésus-Christ. Aux cantiques bien connus : « *Béni soit à jamais*, etc. ; *Faisons éclater notre joie* », qui ont été revus, viennent s'en ajouter plusieurs autres qui permettront de fêter non-seulement Noël, mais le temps qui le précède.

Ainsi le nº **35** « *Il vient, il vient* » est devenu un vrai cantique d'Avent. On n'y trouve plus la strophe menaçante :

> Tremblez, tremblez ! Malheur, malheur !
> Car voici le Fort, le Vengeur.

Strophe qui convenait peu au souvenir de Noël. On n'y trouvera pas davantage :

> Jésus est grand ! Son nom est glorieux,
> Car *de ses doigts* il compassa les cieux ;
> Il a pesé les monts à la balance
> Et dans sa main l'Océan prit naissance.

Ces images tirées d'Ésaïe, mais assez mal rendues, ne se trouvaient pas précisément à leur place en cette occasion. Voici quelques strophes du cantique transformé :

> Quel est ce Roi qui, dans sa pauvreté,
> A Bethléem n'est pas même abrité ?
> Le ciel s'émeut en chantant sa naissance
> Et l'avenir nous dira sa puissance.
> Alleluia dans le saint lieu !
> Voici Jésus le Fils de Dieu.

Les ignorants et les plus méprisés
L'écouteront autour de lui pressés,
Et sa parole étonnante et profonde
Doit conquérir et transformer le monde,
  Alleluia dans le saint lieu !
  Voici Jésus le Fils de Dieu.

———

Sur une croix, défaillant et brisé,
Il doit mourir, au mépris exposé ;
Mais cette croix, désormais immortelle
Verra le monde à genoux devant elle.
  Alleluia dans le saint lieu !
  Voici Jésus le Fils de Dieu.

N° 37. *Tu parais, ô Jésus.*

Plusieurs changements ont été faits à ce cantique. Et d'abord, dans la première strophe, on évite que *tu* et *toi* s'adressent l'un à Jésus, l'autre à l'âme chrétienne. Elle est modifiée comme suit :

Jésus vient ici-bas, etc.

On a ôté les *yeux éteints*, et le contraste entre *pécheurs* et *sages* qui n'a rien de frappant. On a modifié aussi « *Que j'apprenne ce regard.* »

Les cantiques destinés à célébrer les souffrances du Seigneur sont, croyons-nous, plus nombreux que dans nos autres recueils et pourront permettre ainsi de célébrer sans monotonie les grands souvenirs de la semaine sainte.

Le beau cantique de Gerhard (n° 45) « *Roi couvert de blessures* » a été heureusement corrigé. On n'y trouve plus les *Enfants de Jésus,* ni l'expression *chargé de tourments,* ni *tu m'acquis du cœur la renaissance,* etc.

3

L'hymne admirable « *O Christ, j'ai vu ton agonie,*» nᵒ 48, était trop courte ; une des strophes présentait un sens inexact :

> A ta mort, la nature entière,
> Se répand en cris de douleur.

Cela n'est point historique, et ne produit pas d'effet. Voici les strophes ajoutées :

> Par des cris de haine et de rage
> On t'a salué, Rois des rois !
> Je t'ai vu fléchir sous l'outrage,
> Je t'ai vu cloué sur la croix.

> —

> Je t'ai vu, Prince de justice !
> Traité comme un vil malfaiteur ;
> Pour moi tu souffres ton supplice,
> Tu bois la coupe de douleur.

> —

> Ce fardeau cruel qui t'accable,
> C'est moi qui devais le porter ;
> C'est moi, c'est moi qui suis coupable,
> Et tu meurs pour me racheter.

Dans le cantique de Vinet « *Sous ton voile d'ignominie* » (nᵒ 49), on a mis « O Jésus, mon Roi, mon Sauveur, » à la place de *Chef auguste de mon Sauveur*, qui n'a jamais été compris.

Le nᵒ 44. « *C'est Golgotha, c'est le Calvaire* », se recommande à nous non-seulement par le nom de son auteur, le bienheureux Félix Neff, mais par l'ardeur religieuse dont il est pénétré. Mais il ne contenait qu'une strophe, ce qui faisait qu'on le chantait rarement. Dans le nouveau recueil, deux taches légères ont disparu de cette strophe (*Mes maisons de prière* et *qui vois-je en terre ?*), et elle est suivie d'une autre qui la complète.

N° **55.** *Le Fils de Dieu, ce bon berger,* ce touchant cantique d'Angelus Silesius avait été jusqu'ici traduit d'une manière défectueuse ; témoins les vers suivants :

> *En peine, en travail, en tourment,*
> Pour sa brebis perdue,
> Il vint en homme de douleur
> Pressé *de sa tendresse*
>
> .   .   .   .
>
> Occupé *de mille soucis,*
> D'une ardeur assidue, etc.

La traduction nouvelle a évité ces fautes tout en restant fidèle à l'accent simple et naïf de l'original.

La *résurrection et le triomphe de Jésus-Christ* sont célébrés dans une douzaine de cantiques (au lieu des trois ou quatre des *Chants chrétiens* ou des *Psaumes et Cantiques* de l'Église réformée). On y remarquera la suppression d'expressions plates, lourdes, ou froidement classiques, le *séjour des morts, tout plein de majesté, ses inestimables bienfaits, les exploits de Jésus, son char pompeux.*

Dans le n° **65** : *Oui, pour son peuple Jésus prie,* on ne trouvera plus l'idée fausse que Jésus souffre actuellement. Prêtons l'oreille à *ses soupirs...* Il plaide, il intercède, *il crie.* On a également supprimé les mots suivants : Pour nous jamais son *œil ne dort...* Le pain du cœur *survient* d'en haut. Le cantique exprime désormais l'intercession de Jésus-Christ telle que nous la présente l'enseignement apostolique.

Les cantiques qui célèbrent l'Esprit-Saint sont aussi nombreux. On regrettait dans la plupart de nos recueils la suppression de *Viens, ô Créateur de nos âmes,* traduction du célèbre *Veni Creator.* Grâce à des corrections, il a retrouvé ici sa place (nº **68**). On n'y retrouvera plus des vers comme ceux-ci :

> Nous sommes tous d'une faiblesse
> A ne pouvoir le moindre bien, etc.

Dans le nº **70** « *Esprit-Saint, notre Créateur,* » on ne trouvera plus « Opère *dans nous* puissamment, » ni « Bénis nos *justes* projets ». On remarquera des retouches analogues dans les autres cantiques qui se rapportent à la Pentecôte.

Passons maintenant aux cantiques relatifs à la *vie chrétienne,* et tout d'abord à ceux qui expriment la repentance. Ici, le choix était bien plus grand, puisque, comme nous l'avons dit plus haut, c'est le côté intérieur et psychologique qui domine dans la poésie religieuse du réveil. D'ailleurs, plusieurs de nos anciens psaumes trouvent ici leur place naturelle, à la condition que le style en soit revu.

Ainsi dans le nº **73** « *Miséricorde et grâce,* » ce magnifique cri de repentir, il y avait des expressions malheureuses.

> O Seigneur, lave *et relave* avec soin,
> De mon péché la tache si profonde.

Nous avons vu avec plaisir ces vers remplacés par les suivants :

> Fais, ô Seigneur, disparaître à jamais,
> De mon péché, etc.

De même, un peu plus loin, la strophe :

> Si ta pitié, m'épargnant aujourd'hui,
> Me fait sentir le pardon que j'implore ;
> *Mes os brisés après un long ennui,*
> Pourront en toi se réjouir encore.

a été heureusement modifiée comme suit :

> Si ta pitié m'exauçant en ce jour,
> Vient m'accorder la grâce que j'implore ;
> Je revivrai pour te servir encore,
> Et pour louer à jamais ton amour.

N° 76. « *Saint des saints, tout mon cœur veut s'élever à toi.* »

Dans ce beau cantique, nous remarquons plusieurs changements nécessaires. Ainsi, à la deuxième strophe, on ne trouvera plus :

> Tu formas de mon corps l'*étonnant assemblage.*

La strophe cinquième :

> Devant toi, je rougis et demeure confus,
> Mais, Seigneur, ta pitié *relève* ma misère,
> N'as-tu pas *mis*, entre elle et ta *colère*,
> L'amour, la croix et le sang de Jésus.

est devenue la suivante :

> Tu me vois à tes pieds repentant et confus,
> J'ai mérité, Seigneur, ta trop juste colère,
> Mon seul refuge, en ma grande misère,
> Est dans la croix et le sang de Jésus.

Le n° **83**. « *Souvent, Seigneur, en sa détresse* » était plutôt une plainte lyrique qu'un cantique ; on n'en saisissait pas bien la marche ; il a pris, sous sa forme nouvelle, un sens plus clair et se prêtera mieux au culte public.

Le n° **86** « *Seigneur, du sein de ma misère,* » est certainement une effusion pénétrante d'amour envers Dieu, mais il était nécessaire de le modifier. On n'y trouvera plus : Descends, ô Dieu, *dans* ma prière ; ni : « Je veux luire, mais de ton jour, » ni plusieurs autres expressions incorrectes et faibles.

Au n° **89** « *Dans le désert où je poursuis ma route ;* » on ne regrettera assurément pas de voir disparaître *Les temps conduits par ton amour,* la main qui *répand* le pain quotidien et le puissant témoignage qui gardera contre les grandes eaux.

Nous rendons aussi le lecteur attentif aux légères retouches des n°s **91, 92** et **93** qui donnent aux trois psaumes « *Comme un cerf altéré,* » « *Que de périls, mon Dieu,* » et « *A toi, mon Dieu, mon cœur monte,* » une forme plus pure et plus claire.

Au n° **104** « *Qu'est-ce qui t'alarme, ô mon cœur ?* » Nous retrouvons le cantique d'Oberlin, « De quoi t'alarmes-tu, mon cœur ? » mais avec des modifications nécessaires.

Au n° **106** « *C'est moi, c'est moi qui vous console,* » on remarquera la suppression « des *ris* mêlés de pleurs, et la correction de la moitié de la strophe suivante :

> Va le demander au Calvaire,
> Où le rejeton d'Isaï
> Reçut le terrible salaire,
> Des contempteurs du Sinaï.

Elle est devenue plus intelligible :

> Va le demander au Calvaire,
> Où ton Rédempteur, sur la croix,
> Reçut le terrible salaire
> De ceux qui méprisaient ses lois.

On ne chantera plus à la dernière strophe :

> Et que mon âme s'en abreuve
> Comme un agneau *près des ruisseaux.*

Nous en venons aux cantiques qui expriment la joie et la reconnaissance de l'âme pardonnée.

Le n° **108** reproduit notre beau psaume « *Heureux celui de qui Dieu par sa grâce,* » mais on ne trouvera plus à la deuxième strophe la contradiction suivante :

> Quand dans les maux qu'attirait mon offense,
> Trop obstiné *j'ai gardé le silence ;*
> Quand de douleur *j'ai crié* sans cesser
> Mes os n'ont fait que fondre *et s'abaisser.*

On ne comprend pas en effet qu'en gardant le silence le

croyant crie sans cesse ; le texte biblique ne dit rien de semblable. La strophe est modifiée comme suit :

> Quand affligé par toi pour mon offense,
> Trop obstiné j'ai gardé le silence
> Sur les péchés qu'il fallait confesser,
> Ma peine, hélas ! n'a fait que s'aggraver.
> J'ai nuit et jour senti ta main puissante, etc.

Plus loin on ne trouvera plus « et quand de maux un déluge *courrait,* » etc.

Le beau cantique 109, « *Il est en Israël une source abondante*» traduit de l'anglais, « *There is a fountain* » ne présente plus l'image d'une source remplie de sang. S'il est certain, d'après l'Écriture, que nous sommes rachetés et lavés par le sang de Jésus-Christ, il ne faut pas confondre cette expression avec celle qui nous présente la source d'eaux vives à laquelle les âmes viennent étancher leur soif.

Nous préférons donc de beaucoup la strophe par laquelle le cantique s'ouvre dans le nouveau recueil :

> Il est en Israël une source de vie
> D'où la grâce jaillit pour les cœurs altérés.
> Pécheurs, d'un Dieu clément la voix vous y convie,
> C'est l'éternel pardon que vous y trouverez.

Dans le nº **113** « *Ecoutez tous* » on ne trouvera plus la tournure incorrecte :

> Redis, ô Dieu, cette douce parole
> Dont ton Esprit a réjoui mon cœur.

Dans le n° **116** « *Je suis à toi*, » on remarquera le changement de la strophe :

> Les bras ouverts, les yeux pleins de tendresse,
> Ce bon Sauveur m'accueille et me reçoit.

Outre qu'il y avait là un pléonasme, *reçoit* ne peut décidement pas rimer avec *toi*, et cette incorrection heureusement disparue ne déparera plus ce beau cantique.

Au n° **119**, nous trouvons le cantique de Zinzendorf sur la foi, déjà traduit dans d'autres recueils, mais nous sommes heureux qu'il ait été revu et qu'on n'y trouve plus des mots comme ceux-ci : la foi triomphe *des verroux*, etc.

Au n° **120** nous avons été également heureux de trouver une traduction originale et fidèle du cantique d'Arndt sur la parole du Seigneur; « *Pour triompher dans les combats,* » etc.

Le n° **129** « *Jésus est notre ami suprême* » nous offre une traduction, définitive, espérons-le, de ce cantique anglais si connu que des recueils populaires ont acclimaté parmi nous, mais sous une forme assez incorrecte jusqu'ici.

Le n° **133** « *Sur toi je me repose* » ne contient plus l'incorrection : « *Que* faut-il autre chose pour un pauvre pécheur, » qui choquait dès la première strophe.

Au n° **140** « *Ah! que je ne sois pas,* » on ne trouvera

plus le fâcheux arrêt sur la première syllabe du mot rameau. La première strophe est ainsi modifiée :

> Ah ! que je ne sois pas comme un sarment stérile,
> Qui, séparé du cep doit périr desséché ;
> Que semblable au rameau verdoyant et fertile,
> Au tronc vivifiant je demeure attaché.

et le cantique reste fidèle jusqu'au bout à la même image, tandis que sous sa forme première, il s'en écartait pour finir par ces vers malheureux :

> Toutefois que jamais mon cœur ne *se confie*,
> *En mes pas chancelants* pour arriver au but, etc.

Au n° **141** « *Seigneur, mon âme est altérée*, on ne trouvera plus :

> Ta main fera naître la rose,
> Sur un buisson près de périr.

ni ces trois derniers vers :

> Prends ton pauvre agneau dans ton sein,
> Et soutenu par ta tendresse
> Il te suivra jusqu'à la fin.

il est en effet difficile de comprendre comment un agneau qui est porté peut suivre le Berger céleste. Le cantique tout entier est d'un style plus net et plus ferme.

Au n° **144** nous retrouvons un cantique qui rappelle de loin celui des *Chants chrétiens* qui commence par ces mots :

Grand Dieu tes bontés vont si loin, mais la pensée en est plus ferme et plus claire. Au lieu de s'égarer sur plusieurs objets différents, elle se résume en une prière qui demande à Dieu la soumission à sa volonté. Ainsi transformé, ce cantique deviendra rapidement populaire, et sa belle mélodie contribuera certainement à son succès.

Le n° **145** a été composé pour être chanté sur un air admirable de Mendelsohn. Les *Chants chrétiens* avaient sur ce même air de belles paroles de M. Recordon, « *Oui, j'aime l'Éternel...* » Malheureusement le dernier vers de chaque strophe ne pouvait nullement s'adapter à la musique qui, par une pause prolongée, coupait la phrase à un endroit qui rompait le sens. Dans le nouveau cantique la difficulté a été prévue, le dernier vers est indépendant des précédents, et d'ailleurs le caractère du cantique tout entier, qui est une véritable hymne de reconnaissance, se prête parfaitement au mouvement plein d'élan et de grandeur de cette belle inspiration musicale.

Le n° **149** « *T'aimer Jésus, te connaître* » est encore l'un de ces chants moraves qui expriment avec une naïve tendresse l'amour et la confiance du chrétien. On y a corrigé deux ou trois termes trop familiers, et, au lieu que le cantique se termine comme auparavant par un retour trop complaisant sur les priviléges de l'enfant de Dieu, il contient une prière finale d'intercession en faveur de ceux qui sont sans Dieu et sans espérance.

Le n° **151** « *O Seigneur, ô Sauveur, que nos lèvres te*

louent, » a été revu et abrégé. On a supprimé deux strophes d'un lyrisme un peu douteux « l'Alleluia trompeur » et « Pareil à la vapeur » qui d'ailleurs ne se chantent jamais. On a modifié cette pensée vraiment énigmatique :

> Qui se borne à te croire
> Ne te croit point encore, ô Sauveur des croyants.

Il y a là en effet quelque chose de trop ingénieux pour un cantique, et d'ailleurs *croire Jésus* n'est pas *croire en Jésus*, et cette expression inexacte complique encore une idée peu claire. On a changé :

> Mourut-il avec Christ au *rocher du Calvaire,*
> L'amour pieux et tendre *asile du malheur.*

et la strophe modifiée se présente ainsi :

> Est-ce en vain que ton sang coula sur le Calvaire ?
> N'est-ce pas là qu'est né par ta mort, ô Seigneur !
> L'amour qui désormais, sur notre pauvre terre,
> Comme on cherche un trésor recherche la douleur ?

Dans la dernière strophe on ne chantera plus : *Que d'œuvres qui chancellent !* Il a semblé que cette image n'était pas heureuse. Cette strophe est ainsi changée :

> Partout de la douleur la triste voix m'appelle.
> Que de cœurs désolés gémissent ici-bas !
> Pour leur porter l'espoir et la vie éternelle
> Travaillons, le loisir n'appartient qu'aux ingrats.

Après les cantiques relatifs à la vie chrétienne nous en trouvons quelques-uns intitulés *Cantiques du matin et du soir* et qui conviendront surtout au culte domestique.

Puis nous en rencontrons qui se rapportent au renouvellement de l'année. *Ainsi que d'une lyre* (nᵒ **156**), est abrégé et ne présente plus cette longue série de strophes où l'on avait peine à faire un choix. Ici comme ailleurs les éditeurs ont pensé que tout ce que renfermait un recueil pouvait et devait être chanté et qu'un cantique doit, en règle générale, ne pas contenir des développements trop prolongés.

Le nᵒ **159** ne débute plus par *la terre roule*; il y avait là quelque chose d'un peu prétentieux. Les premiers vers sont plus simples :

> Le temps s'enfuit et voici qu'une année
> A disparu dans la nuit du passé.
> Bientôt luira ma dernière journée,
> Ici bientôt ma course aura cessé.
> Il vient aussi le jour inévitable
> Où tout pécheur paraîtra devant toi !
> Comment te fuir, Dieu Saint, Dieu redoutable?
> Ah ! fais-moi grâce et prends pitié de moi.

La série relative à la vie chrétienne offre à la fin quelques cantiques que l'on pourra chanter lors de la célébration des mariages.

Après cela, nous passons à une série nouvelle, celle qui se rapporte à l'Église, à la communion fraternelle.

Au nᵒ **163** « *Tu nous aimes, Seigneur* » dont la mélodie est si grave et si belle, nous voyons disparaître la confusion entre le Père et le Fils qui frappait dans la première strophe :

> Tu nous aimes, Seigneur, comme Dieu, comme *Père.*
>
> . . . .
>
> Tu l'as offert, Seigneur, le sang qui purifie.

D'autres changements donnent à ce cantique une allure plus distincte et moins traînante. On a évité ici, comme dans plusieurs autres, que des strophes commencent par un mot qui les relie tellement à la strophe précédente qu'elles forment un tout qu'on ne peut disjoindre « *Et* serions-nous à toi ? » « *Et*, près de la quitter. » Cela présente, pour le chant, un inconvénient réel.

Le style du n° **164** « *Fraternité céleste et sainte* » a été soigneusement revu.

Il en est de même de celui du n° **177** « *Soleil de justice,* » cantique si populaire, mais qui renfermait des expressions très-malheureuses, telles que « le bassin des mers, » « la nuit païenne, » « l'effet magnifique du sang de l'agneau, » et plus loin, « répand l'efficace du sang de l'agneau. »

Le n° **180** « *Viens, ô Jésus, régner sur cette terre* » ne se termine plus par la strophe froide et obscure :

> Mais par la foi ton peuple te contemple
>
> . . . .
>
> Tu l'as, ô Dieu, recueilli dans ton temple.

Le n° **181** « *Ne te désole point, Sion,* » l'un des plus con-

nus de nos cantiques ne présente plus à la deuxième strophe un non-sens choquant auquel l'habitude seule a pu nous
rendre insensibles :

> Il te rétablira ; même au sein de tes ruines,
> La vigne et l'olivier étendront leurs racines,
> Tout sera relevé, etc.

Puisque tout sera relevé, on ne s'explique pas comment
la vigne et l'olivier croîtront de nouveau au sein des ruines,
ni comment cette perspective pourra être une consolation.
La strophe est ainsi modifiée :

> Il te rétablira sur tes saintes collines ;
> Nos yeux ne verront plus l'aspect de tes ruines,
> Tout sera relevé, etc.

Le n° **183** « *Qu'ils sont beaux sur les montagnes* »
demandait également des corrections. On n'y trouvera plus
« Il faut qu'en vivante *offrande* il s'offre, etc., ni ce curieux
enchaînement de pensées par lequel on doit annoncer au
cœur *timide* que Christ fait d'un cœur *aride* un cœur de
grâce arrosé ; » on ne regrettera pas non plus les « cœurs
chargés de chaînes. »

En outre, on trouvera sur le même air justement populaire un second cantique (n° **184**) destiné également aux
fêtes de missions « *Lève-toi, vaillante armée.* »

Le n° **185** « *Oh ! pendant que pour eux,* » ne pouvait
jusqu'ici être chanté que pour la consécration de plusieurs
pasteurs. Il a été arrangé (n° **186**) pour se prêter aussi à la

consécration d'un seul. En outre, les fidèles ne diront plus à ceux qui sont consacrés : Partez pour *conquérir* un monde qui *sommeille*. Il n'y aurait en effet pas grand effort à vaincre un monde qui dort. C'est une autre image qui a été employée.

On sait que depuis quelques années l'usage de célébrer la fête de la Réformation s'est introduit dans l'Église Réformée. Le recueil nouveau contient cinq cantiques qui peuvent être chantés dans cette solennité. L'un d'entre eux, le n° **191** (*Sois consolée*, etc.), est sur un air entraînant d'Haydn qui convient tout à fait à une pareille solennité.

Un certain nombre de cantiques, du n° **192** au **198**, ont été choisis pour être chantés dans les services funèbres.

Ceux qui suivent (n° **199** à **204**) sont relatifs à l'attente du Christ et de l'Éternité. On y a évité les expressions qui pourraient indiquer que les derniers temps sont réellement venus, Dieu seul s'étant réservé cette connaissance. On remarquera les changements que cette pensée a introduits dans le n° **201** « *Levons-nous, frères, levons-nous.* »

Les derniers cantiques du recueil se rapportent à la fin du culte public.

Ces indications sommaires pourront donner une idée du travail considérable auquel se sont livrés les éditeurs du nouveau *Livre de Cantiques*. Comme nous le disions plus haut, tout ce qui heurte des habitudes reçues soulève d'abord une opposition bien naturelle. Nous croyons cependant que l'étude et surtout l'usage de ce recueil lui gagneront peu à peu les sympathies du public protestant, et que l'on rendra justice aux intentions des auteurs qui, sans aucune préoccupation personnelle, ne se sont proposé d'autre but que la sérieuse édification des âmes et la gloire de Dieu.

PARIS. — IMPRIMERIE DE E. MARTINET, RUE MIGNON, 2.

9 782012 842380